DISCOURS POLITIQUES.

MANIFESTATION RÉFORMISTE.

(12 Janvier 1840.)

PARIS.

DEGOUVE DENUNCQUES,

ÉDITEUR DE L'ALMANACH POPULAIRE

Rue Lepelletier, 3.

—

1840.

PARIS.—IMPRIMERIE DE CHARLES HINGRAY,
Rue Lepelletier, 3.

VISITE A MM. LAFFITTE, DUPONT (DE L'EURE), ARAGO ET MARTIN (DE STRASBOURG),

Président, vice-président et secrétaires du comité de la réforme électorale de Paris.

Le dimanche, 12 janvier, vers midi, plusieurs centaines de gardes nationaux de toutes les légions de Paris et de la banlieue, se sont réunis sur la place de la Bourse, revêtus de l'uniforme, pour aller en corps offrir leurs félicitations aux membres du comité de la réforme électorale présidé par M. Laffitte. A une heure, les gardes nationaux, au nombre de mille environ, les officiers en tête et en majorité, se sont dirigés vers la demeure de M. Laffitte.

Arrivés dans cet hôtel célèbre où s'est accomplie au profit d'un pouvoir ingrat la révolution de juillet, M. Vallé, capitaine de la 4ᵉ légion, a adressé à l'honorable président du comité de la réforme radicale l'allocution suivante :

« Monsieur le député,

» Dix années d'expérience ont permis de reconnaître les vices radicaux d'un système électoral fondé sur la base fausse et dangereuse des priviléges ; aussi la question de la réforme occupait-elle déjà les esprits depuis long-temps, lorsque des citoyens se sont réunis afin de revendiquer pour tous un droit dont le plus grand nombre est, sans le moindre prétexte plausible, déshérité en France, dans ce pays où l'égalité serait préférée à la liberté, si quelque chose était préférable à la liberté.

» Il appartenait à Laffitte, à Dupont (de l'Eure), à Arago, à Martin, de se charger de la direction d'une manifestation aussi nationale, et d'en assurer le succès à la tribune. Nous venons, au nom de nos concitoyens, vous dire que vous pouvez, dans l'accomplissement de cette grande œuvre, compter sur leur loyal et énergique concours.

» Non, monsieur le député, quelque

soit, au sujet de la réforme, le langage sottement dédaigneux du ministère, il n'est pas aujourd'hui un citoyen qui ne sache qu'il est injustement dépouillé du plus précieux de ses droits, et que le moment est venu de le reconquérir par les voies légales.

» Pour atteindre ce but si glorieux, il suffira, de notre part, d'une union calme et ferme à la fois : nous vous la jurons ; de la vôtre, il suffira du courage civique dont vous avez donné tant de preuves au pays ; nous savons que nous pouvons y compter, et que votre carrière s'accomplira comme elle a commencé, par une abnégation complète de vous-mêmes et par un dévouement sans bornes aux intérêts du peuple.

» Recevez, monsieur le député, nos remerciemens et l'assurance de notre vive sympathie. »

M. LAFFITTE a répondu en ces termes :

« Je vous remercie, Messieurs, de la confiance que vous me témoignez.

» Il m'est doux de vous revoir dans

cette maison qui fut le quartier-général de la révolution de juillet, révolution immortelle qui, en éveillant chez tous les peuples de généreuses sympathies, a mis entre les mains de la France le sort du monde.

» Faite par le peuple et pour le peuple, cette révolution n'a pas encore porté ses fruits. Elle imposait des devoirs, elle proclamait des droits : ces devoirs, vous les avez loyalement remplis ; ces droits, ils ne sont pas encore reconnus.

» En demandant la réforme électorale, Messieurs, vous vous montrez fidèles à l'esprit de la révolution de juillet, dont les destinées ont paru un moment compromises par ceux qui avaient mission de la consolider.

» Du reste, Messieurs, les réformes, lorsqu'elles sont devenues nécessaires, sont le meilleur préservatif des révolutions. En suivant les voies légales, nous arriverons au progrès, j'en suis convaincu. Le progrès est dans la puissance de l'esprit public, et il est digne des mœurs de la liberté d'obtenir la réalisation du droit avec cette fermeté calme, cette modération courageuse, qui sont tout à la fois le signe et le gage de la force. »

La députation s'est ensuite rendue chez les autres membres du comité, M. Martin (de Strasbourg), rue de Seine; M. Dupont (de l Eure), rue du Paon, et M. Arago, à l'Observatoire. Durant le trajet par le boulevard, la rue Richelieu, la place du Carrousel et les quais, la colonne s'est grossie d'environ deux mille citoyens. L'ordre le plus parfait et un patriotique recueillement n'ont pas cessé de régner sur tous les points parcourus par le cortége.

Voici les réponses faites par MM Martin (de Strasbourg), Dupont (de l'Eure) et Arago à l'orateur de la députation :

M. MARTIN (de Strasbourg) :

« Je vous remercie, Messieurs, de cette manifestation, non pour moi, mais pour la cause que nous défendons.

» A voir ce qui se passe, vous avez pu penser que nous avions besoin d'un encouragement. Celui que vous nous apportez, à mes collègues et à moi, en nous promettant votre adhésion et votre appui, est décisif pour nous.

» Non que nous ne fussions bien résolus à persévérer : car nous avons pour nous le droit et la raison, et, avec de tels auxiliaires, on ne recule devant aucune difficulté, devant aucun obstacle, et, quelque pénible que puisse être la lutte, on est sûr de triompher tôt ou tard. Mais avec votre appui, avec vous, le succès est plus facile ; le succès n'est peut-être pas si éloigné : car c'est en vous qu'est la force.

» Je vous le demande, en effet, où chercher ailleurs la puissance ?

» Ce n'est pas dans ces chambres, où il n'y a plus ni parti ni drapeau ; ce n'est pas dans ces ministères, qui n'ont jamais ni une opinion ni une idée à eux. Aujourd'hui, il n'y a plus de force, plus de puissance que dans le pays ; et, quand vous demandez la réforme, c'est le pays lui-même qui vient revendiquer ses droits.

» La réforme électorale est le terrain où doit se vider enfin le combat qui dure depuis dix ans entre l'aristocratie ancienne ou nouvelle et le peuple, entre le privilége et le droit. Si la pétition que nous soutiendrons demande seulement que tout garde national soit électeur, ce n'est pas que nous entendions maintenir aucun privilége dans la loi, c'est parce que, sous la constitution actuelle, toute la force organisée du pays se trouve représentée dans la garde nationale, et qu'il serait par trop étrange de priver plus long-temps de l'exercice de leurs droits ceux à qui est confiée la défense de nos institutions.

» Que la garde nationale vienne donc elle-même assurer le succès de la réforme ; qu'elle exprime ses vœux : le jour où elle le voudra, la France aura recouvré sa dignité au dehors, et à l'intérieur le peuple aura repris ses droits et ses libertés ! »

M. DUPONT (de l'Eure :

« Messieurs,

» Vous avez raison de croire à la sincérité de mes vœux pour la réforme électorale : elle est, dans ma conscience, comme dans la vôtre, le premier besoin de notre pays, et je n'hésite pas à dire que, si nous voulons asseoir le gouvernement représentatif sur une base solide et en assurer la durée, cette réforme doit être sincère, étendue et conforme au principe fondamental de la souveraineté nationale. Je m'unis donc bien volontiers à tous ceux de mes collègues qui veulent soutenir votre pétition à la chambre des députés.

» Je suis profondément touché du témoignage de confiance que vous voulez bien me donner, et je vous en remercie avec le sentiment de la plus vive reconnaissance. »

M. ARAGO :

« Messieurs,

» Je suis vivement touché des sentimens que vous venez d'exprimer ; j'en conserverai une éternelle reconnaissance. Je m'élève cependant tout de suite au-dessus de ce que je dois trouver de flatteur dans votre manifestation , en déclarant qu'elle me frappe particulièrement par sa date. Je suis heureux de voir que les paroles prononcées hier à la tribune par plusieurs ministres n'ont pas plus ébranlé vos convictions que les miennes (1).

» Ce que vous demandez, ce que nous demandons avec vous, est une conséquence logique, nécessaire, inévitable du principe fondamental de notre organisation politique : du principe de la souveraineté nationale. C'est par la réforme électorale, telle que nous l'avons conçue, telle que vous voulez bien l'approuver, que la France sortira de l'état de marasme où elle languit, que nous redeviendrons la grande nation.

» Quand la puissante voix du peuple se sera fait entendre, toutes les préoccupations, toutes les rancunes, toutes les oppositions ministérielles disparaîtront comme de vains fantômes. MM. les ministres et leurs adhérens ont-ils donc oublié la large part que l'opinion publique trouve toujours le moyen de se faire daus les délibérations des pouvoirs cons-

---

(1) La veille, plusieurs ministres avaient déclaré à la tribune qu'ils considéraient la domination exclusive de la bourgeoisie censitaire comme l'avénement définitif de la démocratie, et qu'il n'y avait pas lieu de s'occuper de la réforme électorale.

titués? Les chambres voulaient l'hérédité de la pairie, et l'hérédité a disparu ; il s'est trouvé des ministères qui auraient volontiers abandonné Alger, et aujourd'hui on se voit forcé de déclarer solennellement que le nord de l'Afrique est à tout jamais réuni à la France. On travaillait déjà, il y a peu d'années, à la construction des quatorze forteresses qui devaient entourer la capitale ; la population parisienne déclara que cela lui déplaisait, et les forteresses s'écroulèrent.

» Je viens de vous dire, Messieurs, comment nous obtiendrons la réforme. Ayons la fermeté, la modération, la confiance que notre bon droit doit nous inspirer, et le succès est certain. Si 300,000 signatures ne paraissent pas suffisantes, présentons-nous l'année prochaine avec un million d'adhésions, et vous verrez que la souveraineté du peuple n'est pas un vain nom. »

Les bonnes actions sont toujours sœurs des bonnes et patriotiques pensées. Les citoyens réunis dans la cour de l'Observatoire ont eu l'idée de profiter de l'occasion pour faire une collecte en faveur

des ouvriers sans travail. Cette souscrip-
tion improvisée a produit une somme de
185 fr.

—

EFFET DE LA MANIFESTATION RÉFORMISTE SUR LE POUVOIR. — DÉNONCIATIONS DE LA PRESSE MONARCHIQUE. —ORDRE DU JOUR DU MARÉCHAL GÉRARD. — CITATIONS DEVANT LE CONSEIL DE PRÉFECTURE DE LA SEINE.

La manifestation réformiste du 12 janvier était de nature à soulever, contre les
honorables citoyens qui y avaient pris
part, toutes les colères d'un pouvoir qui
prétendait que la garde nationale était
indifférente à l'émancipation politique
de l'immense majorité des citoyens fran-
çais. Il était, d'ailleurs, à craindre que
toutes les gardes nationales de France,
comprenant l'appel fait à leur raison et
à leur dévouement par la garde nationale de Paris, ne voulussent adhérer à
cette démonstration et participer, au
moins par leurs votes et leurs signatures, à la grande lutte de principes enga-
gée entre les partisans du monopole et

les hommes qui travaillent à doter la France du gouvernement représentatif dans toute sa sincérité.

Cédant à des injonctions parties des rangs inférieurs de la presse monarchique, le ministère fit publier dans le *Moniteur* une note comminatoire contre les citoyens gardes nationaux qui avaient fait visite aux membres du comité de réforme, et, le 14 janvier, M. le maréchal Gérard, commandant en chef des gardes nationales du département de la Seine, signait l'ordre du jour suivant :

Ordre du jour.

« Paris, le 14 janvier 1840.

» Des gardes nationaux, au nombre de 300 environ, et quelques officiers, se sont réunis, le 12 de ce mois, en uniforme et en armes, sur une place publique, pour aller ensuite, en traversant la capitale, prononcer des discours et établir une véritable délibération sur une haute question politique.

» C'est avec un sentiment de vive peine et de profond regret que le maréchal commandant supérieur a vu des gardes nationaux oublier à ce point le caractère de leur institution, le respect dû à la loi et la sainteté de la mission que le pays leur a confiée.

» Les citoyens qui ont ainsi méconnu leurs devoirs ne sauraient éviter le blâme de ceux qui, si souvent et en si grand nombre, ont fait triompher tant de fois, depuis 1830, la cause de l'ordre public et de la véritable liberté, et c'est en leur nom, c'est au nom des chefs qu'ils se sont donnés que le maréchal commandant supérieur vient le proclamer. Il espère que sa voix sera entendue, ses paroles comprises. Il s'est, ainsi que les chefs de la garde nationale, inspiré de la loi qu'ils ont juré de défendre. Les articles 1er et 7 de cette loi sont ainsi conçus:

» Art. 1er. La garde nationale est instituée pour défendre la royauté constitutionnelle, la Charte et les droits qu'elle a consacrés, pour maintenir l'obéissance aux lois, conserver ou rétablir l'ordre et la paix publique, seconder l'armée de ligne dans la défense des frontières et des côtes, assurer l'indépendance de la France et l'intégrité de son territoire.

» Toute délibération prise par la garde nationale sur les affaires de l'état, du département et de la commune est une atteinte à la liberté publique et un délit contre la chose publique et la constitution.

» Art. 7. Les citoyens ne pourront ni prendre les armes ni se rassembler en état de gardes nationales sans l'ordre des chefs immédiats, ni ceux-ci donner cet ordre sans une réquisition de l'autorité civile, dont il sera donné communication à la tête de la troupe.

» Le maréchal commandant
» supérieur,

» Signé : Comte GÉRARD.

» Pour ampliation :

» Le lieutenant-général, chef de
» l'état-major général,

» Signé : JACQUEMINOT. »

A cet ordre du jour, nous répondrons, en premier lieu, que, si Messieurs de l'état-major avaient puisé leurs renseignemens ailleurs que dans des journaux de police, ils n'auraient pas dit que les gardes nationaux dont M. le maréchal Gérard blâmait la conduite étaient au nombre de 300, puisqu'il était de notoriété publique qu'on en comptait plus de trois fois autant.

Le maréchal exprime aussi qu'il a vu avec peine la manifestation du 12 mai. Cette peine, nous la concevons facilement, et nous croyons surtout qu'elle a dû être vivement partagée dans d'augustes salons.

Des citoyens paisibles, des négocians, des propriétaires, des pères de famille, couverts de cet habit symbole d'ordre public, vont féliciter les députés qui ont accepté la mission de faire prévaloir la réforme. De part et d'autre, les paroles prononcées portent l'empreinte de cette modération qui est le signe de la force, de cette fermeté qui garantit le succès. Sur la route que parcourt le cortége, pas un cri imprudent ne se fait entendre. Partout l'attitude du peuple est en parfaite harmonie avec celle des gardes nationaux, qui réclament au nom du droit commun. Certes, il y a dans tous ces faits quelque chose de bien menaçant,

x de quiconque ne vit que d'abus

et de privìléges. Pour les soutiens de l'ordre, ou plutôt du désordre actuel, mieux vaudrait cent fois une émeute que ces manifestations paisibles, parties de ce qu'on est convenu d'appeler la classe moyenne. Car, une émeute, on est toujours sûr de la vaincre, en armant contre elle tous les intérêts qui se croient menacés ; mais les voix des gardes nationaux, comment, à l'aide de quelle force pourra-t-on les étouffer, quand elles se feront entendre avec cette unanimité, présage infaillible du triomphe de la cause réformiste ?

Mais cè n'était pas le tout de dire que la manifestation du 12 mai avait fait de la peine au château. Pour empêcher qu'elle ne se renouvelât, il aurait fallu prouver qu'elle était illégale, et c'est ce que n'a pas fait la citation de deux articles de la loi sur la garde nationale, car ces deux articles ne s'appliquaient nullement au cas dont il s'agissait. Un citoyen, parce qu'il reçoit des billets de garde et qu'il fait sa patrouille, ne saurait être, à cause de cela, privé du droit de pétition que la Charte reconnaît à tous les habitans du territoire. Parce qu'il porte six fois par an un briquet et un fusil, et qu'il peut être appelé à se faire tuer pour la défense du pays et des institutions, il serait absurde de prétendre qu'il ne lui est pas permis d'examiner si le pays est bien administré, et de travailler au perfectionnement de ces mêmes institutions.

Certes, un corps de gardes nationaux armés ne peut se transformer en assemblée délibérante : la loi est formelle sur ce point, et elle a profondément raison ; mais les citoyens qui sont allés visiter le comité de la réforme ne formaient pas un corps armé. Ce n'était ni une légion, ni une compagnie, c'étaient des hommes qui, voulant donner ensemble une marque de haute estime à des députés, se sont revêtus de leur uniforme, peut-être pour qu'une police zélée ne feignît pas de les confondre avec des ennemis de l'ordre public.

Or, supposez, maintenant, que, au lieu de s'être rendus chez MM. Laffitte et Dupont (de l'Eure), ils eussent choisi le jour des Rois, pour aller déposer leur encens aux pieds du comte de Paris : alors, toutes les voix du château n'au-

raient-elles pas crié que la jeune dynas-
tie venait de recevoir encore une fois la
consécration du vote populaire? Lorsque la garde nationale des départemens
se précipitait, comme dit le *Moniteur*,
au-devant des princes voyageurs ; quand,
autrefois, celle de Paris criait : *Vive le
roi* ! dans les revues, ne lisions-nous pas
aussitôt que ces visites, que ces cris
étaient une approbation directe donnée
à la politique du gouvernement? Souf-
frez-donc, maintenant, que les gardes
nationaux ne soient pas unanimes à ad-
mirer cette même politique. Puisqu'ils
peuvent crier : *Vive le roi !* étant sous
les armes , reconnaissez-leur donc le
droit de crier : *A bas les ministres !* ou
Vive la réforme ! A plus forte raison,
convenez qu'ils peuvent, sans violer la
loi, mettre leur habit pour aller compli-
menter des hommes qu'ils honorent à si
juste titre, et dispensez-vous de lancer
des ordres du jour à ce sujet ; car, ces
ordres du jour ne prouvent rien que l'i-
nutile frayeur causée en certain lieu par
le mot de réforme.

LETTRE DE M. DORNÈS.

Les menaces du pouvoir devaient provoquer de généreuses résistances. M. Dornès fit publier dans le *National* du 15 janvier, la lettre suivante :

« Monsieur le rédacteur,

» Le journal la *Presse*, dans son numéro d'hier, dénonce la manifestation du 12 janvier au gouvernement comme une violation de la loi sur la garde nationale, et provoque des poursuites contre les gardes nationaux qui y ont pris part. Aujourd'hui le même journal me signale comme l'un des auteurs de cette manifestation. Puisqu'on a jugé à propos, dans je ne sais quel intérêt, de citer mon nom, c'est un devoir pour moi de déclarer publiquement que je me suis en effet associé à la démarche que des citoyens des douze arrondissemens de Paris, revêtus de leurs uniformes d'officiers, de sous-officiers ou de soldats de la garde nationale parisienne, ont faite auprès de

MM. Laffitte, Dupont (de l'Eure), Arago et Martin (de Strasbourg); que, pour mon compte, je n'ai rien vu dans cette démarche qui fût contraire à la loi ou à l'esprit du gouvernement représentatif; qu'au reste je n'hésite pas à réclamer ma part de responsabilité dans cette démonstration, devenue l'objet des délibérations de l'état-major et des attaques des feuilles du château.

» Il n'est peut-être pas inutile de rappeler que la presse ministérielle et les amis de la cour n'ont pas toujours tenu le langage qu'ils tiennent en ce moment. Dans une circonstance solennelle, en 1832, lorsque les ministres, pour échapper à la responsabilité, prétendirent que l'état de siége avait été demandé par la garde nationale de Paris, M. le maréchal Lobau, commandant supérieur, répondit à un député qui se récriait contre l'assertion des ministres et contestait à la garde nationale le droit de délibérer en corps : « Si l'honorable préopinant a voulu dire que la garde nationale a délibéré comme un corps, il est dans l'erreur; mais les gardes nationaux sont citoyens, et à ce titre ils ont le droit d'exprimer leur opinion. » Les paroles du maréchal furent accueillies par de vives sympathies sur les bancs du centre et dans la presse ministérielle. Il y a cependant loin de là à la pétition signée par les gardes nationaux et à la pacifique visite faite aux députés réformistes. En tout cas, il est bon, pour l'enseignement du pays et pour les progrès de la réforme, que les questions se posent nettement. Puisqu'on prétend que la pétition est factieuse, que la manifestation du 12 janvier est contraire à la loi, qu'on traduise donc ces actes devant la justice du pays : les amis de la réforme doivent le désirer plus vivement encore que leurs accusateurs eux-mêmes.

» A. DORNÈS.

»Agréez, etc.,   rue de Seine, 10. »

—

LE CAPITAINE VALLÉ DEVANT LE CONSEIL DE PRÉFECTURE DE LA SEINE. — SES EXPLICATIONS. — SA SUSPENSION. — ARRÊTÉ DE SUSPENSION.

M. Vallé, capitaine de la 2e compagnie du 4ᵉ bataillon de la 4ᵉ légion fut le premier cité à comparaître par devant le préfet de la Seine, siégeant en conseil de préfecture, pour fournir verbalement ou par écrit ses explications et moyens de défense.

M. Vallé comparut le 17 janvier et présenta aux membres du conseil, avec autant de bon sens que de patriotisme, les explications suivantes :

« Messieurs,

» L'art. 61 de la loi du 22 mars 1831 n'a pas défini les cas dans lesquels un officier peut être suspendu par arrêté du conseil de préfecture. En résulte-t-il que le sort de l'officier créé par l'élection soit livré nécessairement au bon plaisir administratif? S'il en était ainsi, Messieurs, l'élection ne serait qu'une déception. A défaut de la loi, la raison dit qu'un officier ne pourra être traduit devant le conseil de préfecture et suspendu par lui que dans le cas où il aurait violé la loi ou commis une infraction grave aux règles de la discipline.

» On prétend que j'ai violé la loi, manqué à l'ordre et à la discipline du corps auquel j'appartiens comme officier élu. Ainsi, j'aurais pris, en ma qualité d'officier, et étant revêtu de mon uniforme, une part active au rassemblement d'un certain nombre de gardes nationaux qui se sont successivement transportés chez plusieurs députés ; j'aurais même prononcé publiquement un discours. De là deux questions :

» 1° Les faits sont-ils exacts?

» 2° Appellent-ils l'application d'une pénalité, et notamment celle de l'art. 61 de la loi?

» J'avoue hautement avoir fait partie de la réunion des gardes nationaux qui se sont transportés chez plusieurs députés, et avoir adressé un discours à ces députés. En agissant ainsi, j'ai usé d'un droit incontestable. Mais est-il vrai que j'aie fait acte d'officier commandant et dirigeant ma compagnie en cette qualité? Est-il vrai que j'aie prononcé *publiquement* un discours dans le sens qui se rattache à ce mot?

» Tous les gardes nationaux qui se sont rendus sur la place de la Bourse sont venus à cette réunion comme individus et non comme formant un corps.

Et il n'y a eu, *on le sait bien*, ni compagnie, ni bataillon, ni légions organisées, marchant sous les ordres des officiers; mais un rassemblement de citoyens appartenant à toutes les compagnies, à tous les bataillons, à toutes les légions, sans distinction aucune.

» Ces citoyens n'avaient pas été commandés, ils n'obéissaient pas. L'autorité des officiers n'existait pas et ne pouvait pas exister. Tous, officiers et gardes nationaux, marchaient sous l'inspiration d'une pensée commune; ils marchaient, non pas en armes, non pas comme corps organisé; mais comme citoyens qui se groupent, qui ont le droit constitutionnel de se grouper pour donner force et appui à un intérêt depuis trop long-temps méconnu. Le calme et l'ordre ont régné dans cette imposante réunion. Il n'y avait rien là qui pût indiquer qu'on ait eu l'intention de rassembler la garde nationale pour la faire manœuvrer comme garde nationale. C'était l'ordre qui doit toujours régner dans une réunion de citoyens dont la pensée et le but sont de parler et d'agir dans un haut intérêt général. Voilà le fait, Messieurs, dans toute sa vérité; et il n'appartient à personne, à la juridiction administrative chargée de prononcer, moins qu'à toute autre, de le dénaturer pour motiver contre moi l'application d'une loi pénale.

» Quant au discours, il a été prononcé dans l'intérieur d'un appartement, au milieu d'un grand nombre de gardes nationaux, mais non publiquement, si l'on s'attache sans équivoque au sens légal du mot.

» Maintenant, ces faits appellent-ils l'application de l'art. 61 de la loi du 31 mars? Je dois le dire sans détour : si ces faits suffisent à une juridiction administrative qui n'a besoin pour frapper que d'un prétexte, ils ne suffiraient jamais à une juridiction qui prendrait pour arbitre suprême, non ses désirs, ses intérêts ou sa volonté, mais la loi seule.

» La garde nationale, Messieurs, a été instituée pour défendre la charte et les droits qu'elle a consacrés : voilà ce que veut la loi.

» Défendre un droit, ce n'est pas seulement le faire respecter quand une fois il a été proclamé; c'est encore concourir à sa conquête, si elle est disputée; à son développement, si on veut l'étouffer ou le restreindre ; c'est, en un mot, travailler à briser tous les obstacles qui s'opposent à cette conquête et à ce développement.

» La garde nationale, et à plus forte raison les gardes nationaux pris individuellement, revêtus ou non de leur uniforme, remplissent donc une mission toute légale, non-seulement quand ils protégent le droit, mais encore quand ils en réclament l'exécution.

» L'art. 1er de la loi de la garde nationale a bien réellement toute cette portée, ou bien vous réduisez cette garde civique aux proportions d'une force toute matérielle qui, à l'exemple d'une gendarmerie, ne se meut et n'agit qu'en vertu de l'obéissance passive.

» Or, ce n'est pas le rôle que la loi a départi à la garde nationale, c'est-à-dire aux hommes du pays les plus intelligens, les plus industrieux et les plus forts. La garde nationale, c'est le pays, et le pays a bien autre chose à faire dans notre système constitutionnel que d'agir comme force brutale. Elle a son rôle, la garde nationale, comme force intelligente et civilisatrice.

» Encore une fois, Messieurs, la garde nationale, la nation, a pour mission de défendre ses droits. Or, ce mot comprend tout : la conquête du droit aussi bien que la résistance à l'oppression, de quelque part qu'elle vienne. Ce serait, en vérité, une chose étrange que la garde nationale ne dût jamais entrer en action que quand il s'agit de frapper ou de parler en faveur du pouvoir; qu'il n'y eût point pour elle de milieu entre le silence et l'insurrection! Singulière institution, qui, chargée de défendre la charte et les droits, ne pourrait jamais employer pour cette défense la force intelligente qui avertit et éclaire, la force morale qui rappelle au serment violé!

» Est-ce que la garde nationale n'a pas pour mission de conserver l'ordre et la paix publique? Or, conserve-t-on l'ordre et la paix en niant les droits des masses? ou bien n'est-ce pas plutôt en les faisant respecter?

» La garde nationale ne conserve-t-elle pas mieux l'ordre et la paix en employant la force intelligente et morale qui réside en elle, à faire respecter les droits méconnus, qu'en gardant un silence qui, pour elle, ne serait qu'un démenti donné au but de son institution ?

» Le désordre vient, est toujours venu, dans tous les temps, sous toutes les formes de gouvernement, de la négation entêtée du droit de tous au profit de quelques privilégiés ; c'est donc agir dans l'intérêt de l'ordre, que de chercher à vaincre cette résistance qui contient dans son sein le désordre et les révolutions ; et la garde nationale qui, pour parvenir à ce noble but, ne fait usage que de sa force intelligente et morale, remplit sa mission. Et quelques persécutions qui doivent en résulter pour elle, elle doit continuer à la remplir avec indépendance. Au-dessus des gardes nationaux jugés et du conseil de préfecture qui juge, il y a le pays qui voit et qui apprécie. Ce qui lui importe, c'est que chacun fasse son devoir, et je crois avoir fait le mien.

» Quant au deuxième paragraphe de l'art. 1er de la loi, ici la loi a raison : la garde nationale ne peut, en effet, délibérer sur les affaires de l'état, du département, ou de la commune. Mais, de bonne foi, est-ce que des gardes nationaux qui se sont réunis pour remercier des députés de leur dévouement au principe de la réforme ont délibéré sur les affaires de l'état, du département ou de la commune? Ils n'ont mis aucun objet en délibération, et l'expression d'une même idée, d'un même sentiment, un remercîment enfin, par cela seul qu'il émane d'une collection d'hommes, ne peut être assimilé à une délibération.

» Et quand il en serait ainsi, qu'y aurait-il d'hostile pour l'état à délibérer un remercîment à des députés sous un gouvernement qui se pique d'être représentatif?

» L'objection tirée du deuxième paragraphe de l'art. 1er est donc sans force. L'art. 7 n'est pas plus applicable : on en détourne évidemment le sens. Dans cet article, il ne s'agit plus de définir ni de limiter la mission de la garde nationale : il s'agit uniquement d'indiquer comment et sur quelles injonctions les citoyens devront prendre les armes et se rassembler en état de garde nationale. La garde nationale n'est pas soumise à l'obéissance passive ; elle a donc droit de savoir par quel ordre elle est assemblée ; et on doit lui en donner communication. L'art. 7 est donc une garantie pour la garde nationale, et non une limite aux droits qui lui sont donnés par l'art. 1er. Tel est le sens de l'art. 7 ; il n'y en a pas d'autre.

» Au reste, les gardes nationaux ont-ils pris les armes ? Non. Se sont-ils rassemblés en état de garde nationale ? Non. Des ordres ont-ils été donnés par les chefs ? Non encore. Aucune des dispositions de l'art. 7, même quand on en détournerait le sens, ne peut donc s'appliquer ici. En définitive, les citoyens revêtus de leur uniforme se sont assemblés. Ce qui dominait en eux, c'est la qualité de citoyen. Comme citoyens, ils ont pu faire ce qu'ils ont fait, et comme gardes nationaux ils ont pu le faire également. C'est à vous maintenant de prononcer.

» Pour ma part, Messieurs, je serai heureux si les poursuites qui sont dirigées contre moi dans cette circonstance démontrent que le pouvoir, toujours si accessible aux manifestations qui lui sont favorables, refuse d'écouter les vœux qui se font entendre dans la garde nationale en faveur des droits de la nation. »

Le conseil de préfecture de la Seine n'accepta pas ces explications. Il rendit l'arrêté suivant, arrêté heureusement pour lui sans appel, car nous croyons que les considérans sur lesquels il se fonde auraient mal soutenu l'épreuve d'une discussion légale :

« Nous, pair de France, préfet de la Seine;

» Vu la décision, avant faire droit, du 14 janvier courant, par laquelle, siégeant en conseil de préfecture, nous avons cité M. Vallé, capitaine de la 2e compagnie du 4e bataillon de la 4e légion, à comparaître le vendredi 17 janvier 1840, à midi, par devant nous siégeant en conseil de préfecture, pour fournir verbalement ou par écrit les explications et moyens de défense que le sieur Vallé entend opposer à la prévention qui pèse sur lui d'avoir :

» 1° En sa qualité d'officier, et revêtu de son uniforme, fait partie d'un rassemblement de gardes nationaux, ayant à leur tête quelques officiers aussi en uniforme, qui, contrairement aux prescriptions de la loi, se seraient réunis, le

12 janvier, pour se transporter en cortége chez plusieurs membres de la chambre des députés;

» 2° D'avoir prononcé publiquement, dans cette occasion, un discours ayant un caractère politique et qui aurait été transcrit par plusieurs journaux;

» Vu la loi du 22 mars 1831, art. 1, 7 et 61;

» Ouï M. Vallé en ses explications et défenses verbales;

» Considérant que l'art. 7 de la loi du 22 mars 1831 défend aux citoyens *de se rassembler en état de gardes nationales sans l'ordre des chefs immédiats, et à ceux-ci de donner cet ordre sans une réquisition de l'autorité civile;*

» Considérant que le capitaine Vallé reconnaît s'être réuni le 12 janvier courant, en uniforme, sans hausse-col, mais armé de son épée, sans l'ordre de ses chefs immédiats, à d'autres gardes nationaux également revêtus de leur uniforme;

» Considérant qu'il déclare, en outre, avoir usé de son influence pour inviter les gardes nationaux à observer un ordre régulier, et à ne pas se confondre parmi les autres citoyens ;

» Considérant que cette réunion avait évidemment le caractère d'un rassemblement en état de gardes nationales ;

» Considérant que ce fait constitue une grave contravention à l'art. 7 de la loi du 22 mars 1831 ;

» Statuant en conseil de préfecture, où siégeaient MM. de Lamorélie, Laffon de Ladébat, de Maupas, Lucas Montigny, Molin, et de l'avis des fonctionnaires présens;

» Avons arrêté ce qui suit :

» M. Vallé est suspendu pendant deux mois de ses fonctions de capitaine de la 2e compagnie du 4e bataillon de la 4e légion.

» Le présent arrêté sera transmis immédiatement à M. le ministre de l'intérieur.

» Fait au conseil, le 17 janvier 1840.

» Signé à la minute : comte de Rambuteau, de Lamorélie, Laffon de Ladébat, de Maupas, Lucas Montigny et Molin.

» Pour copie conforme :

» Le maître des requêtes, secrétaire-général de la préfecture,

» Signé : L. DE JUSSIEU. »

Suspendu pendant deux mois des honorables fonctions dont l'avaient investi l'estime et la confiance de ses concitoyens, M. Vallé sera, nous en avons la ferme confiance, dédommagé aux élections prochaines de cette mesquine persécution. Il ne suffit pas, en matières politiques, de tracasser un honnête homme et de rendre contre lui un arrêt en bonnes formes ; il faut encore la sanction de l'opinion publique, et l'opinion publique n'a point consacré la suspension, du reste fort honorable, prononcée contre M. le capitaine Vallé.

—

LE CAPITAINE GOUBERT EST ÉGALEMENT SUSPENDU.

M. Goubert, capitaine dans la 4e légion, succéda à son camarade M. Vallé devant le conseil de préfecture , et, comme lui, il eut l'honneur d'être suspendu pendant deux mois, après avoir toutefois soumis à ses juges les sages et concluantes observations que voici :

« Messieurs, j'avoue hautement que j'ai fait partie de la réunion des gardes nationaux qui se sont transportés le 12 janvier chez plusieurs députés, et les ont remerciés de l'appui qu'ils ont promis à la réforme électorale. Vous le savez bien, et M. le capitaine Vallé, qui m'a précédé ici, vous l'a déjà dit, ces gardes nationaux ont agi en cette circonstance comme individus et non comme formant un corps : il n'y avait dans cette réunion ni compagnie, ni bataillon, ni légion organisés marchant sous les ordres de leurs officiers, mais un rassemblement de citoyens appartenant à tous les bataillons, à toutes les légions, sans distinction aucune. Nous avons usé, à mon avis, d'un droit incontestable, et, pour mon compte, je n'hésiterais pas, dans des circonstances semblables, à agir encore comme je l'ai fait. Vous avez déjà, monsieur le préfet, par arrêté pris en votre conseil, suspendu M. le capitaine Vallé de ses fonctions pendant deux mois : si les réflexions pleines de bon sens et de justesse présentées par mon collègue ne vous ont pas convaincu, je n'ai pas l'espérance de vous faire changer d'avis ; et comme je n'aime pas les discours inutiles, je ne me défendrai pas. Toutefois, je crois devoir vous faire à mon tour quelques observations sur l'esprit de la loi de 1831, que vous me paraissez avoir méconnu.

» Vous avez déclaré, dans votre arrêté du 17 janvier, que les faits reprochés à M. le capitaine Vallé, et qui me sont reprochés aujourd'hui, constituent une grave contravention à l'art. 7 de la loi du 22 mars. Vous avez sur ce point, à mon avis, dépassé les limites de votre juridiction tout administrative. Quand le gouvernement demanda aux chambres que les préfets pussent suspendre les officiers de la garde nationale, même temporairement, cette disposition excita de vives réclamations. On prétendit que, si le sort de l'officier créé par l'élection était livré au bon plaisir administratif, l'élection ne serait qu'une déception ;

mais les orateurs du gouvernement et les rapporteurs des commissions donnèrent des explications qui, en cette circonstance, peuvent servir de commentaires officiels sur la nature de votre juridiction. On représenta qu'il pouvait éclater entre l'autorité administrative chargée de diriger la garde nationale et les officiers chargés de la commander des mésintelligences, ou survenir des incompatibilités qui pourraient entraver ou arrêter le service public. Ces mésintelligences ou ces incompatibilités peuvent avoir lieu à l'occasion de faits qui ne sont ni des délits ni des contraventions, et ne peuvent ainsi servir de base à un procès. Comment sortir d'un pareil embarras? Il a bien fallu reconnaître à l'administration supérieure le droit de s'établir juge du différend, et de prendre les mesures propres à rétablir l'harmonie et à maintenir le bon ordre. Il a fallu que l'administration supérieure pût révoquer ou suspendre, par voie administrative, celui des deux, fonctionnaire ou officier de la garde nationale, à qui elle croyait devoir imputer tous les torts. MM. les préfets ont donc été chargés de prendre en conseil de préfecture les me--sures de police ou de sûreté que leur inspirerait leur zèle pour le bien public, sans qu'ils puissent toutefois s'immiscer dans l'exercice de l'autorité judiciaire; car, messieurs, vous n'êtes pas et vous ne pouvez pas être un tribunal, parce que vous n'avez pas les qualités et la position que la loi, dans notre organisation politique actuelle, a jugées indispensables pour la bonne administration de la justice. Vous n'êtes pas des juges : dèslors, il n'est pas en votre pouvoir de déclarer que tels ou tels faits constituent un délit ou une contravention; ce pouvoir n'appartient qu'aux tribunaux. En tous cas, vous ne pourriez ainsi motiver un arrêté qu'après que ces faits auraient été déclarés délit ou contravention par les tribunaux. Ainsi, Messieurs, vous pouvez bien penser et juger que, par ma participation à la manifestation du 12 janvier, j'ai compromis les bons rapports qui doivent exister entre l'autorité civile et la garde nationale; que j'ai contribué à relâcher les liens de la discipline, et, par suite, vous pouvez me suspendre de mes fonctions : ce serait, à mon avis, une fausse appréciation des faits; mais, enfin, vous ne dépasseriez pas les limites de votre pouvoir administratif. Mais si vous prétendez que j'ai commis un délit ou une contravention, vous n'êtes plus compétens. Il faut me traduire devant mes pairs, mes juges naturels, devant le conseil de discipline de mon bataillon : à lui seul appartient le droit de juger les contraventions à la loi sur la garde nationale. Telles sont, Messieurs, les courtes réflexions que j'ai cru devoir vous présenter. J'avouerai même franchement que je n'ai pas l'espérance de changer votre opinion ; car je crains fort que l'administration, après avoir imprudemment soulevé une grande question de droit constitutionnel, ne préfère la faire juger ici à huis-clos, sans appel et par des fonctionnaires révocables plutôt que la soumettre, au grand jour, à un débat public devant des juges indépendans. »

A ces explications nous devons ajouter que, quelques jours après la suspension de M. Goubert, la compagnie dont il était le capitaine, montait la garde à l'état-major. A la descente de la garde, quarante de ses camarades, sur soixante dont se composait le poste, se sont rendus au domicile de M. Goubert pour le féliciter de la conduite qu'il avait tenue, et pour lui dire qu'ils sympathisaient de tout leur cœur avec lui et avec ses principes.

—

LA COMPÉTENCE DU CONSEIL DE PRÉFECTURE ET LE CAPITAINE FALLET.

La compétence du conseil de préfecture de la Seine n'a pas été admise par tous les gardes nationaux qui ont été cités à comparaître devant lui. M. Fallet, capitaine en premier de la 4e compagnie du 3e bataillon, 3e légion, l'a déclinée dans une lettre adressée au *National*, et qui était ainsi conçue :

« Monsieur le rédacteur,

» Ayant pris part, comme beaucoup de mes collègues, à la manifestation patriotique et légale du 12 janvier, et, comme plusieurs d'entre eux, étant cité à comparaître devant le conseil de préfecture, j'ai cru devoir renvoyer cette citation à M. le préfet de la Seine, sans y répondre.

» En agissant ainsi, je crois protester contre la compétence du conseil de préfecture en pareil cas. En effet, pour se convaincre de l'incompétence de cette juridiction, il suffit de se pénétrer de l'esprit de la loi et de son but, et, dans le doute, de se reporter aux considérations précises contenues dans le rapport présenté à la chambre des pairs, lors de la discussion de la loi sur la garde nationale.

» Par là, encore, j'ai voulu protester contre le ridicule d'une explication, dont il est dit à l'avance qu'on ne tiendra aucun compte; ridicule que ne comporte pas l'aveu honorable de la conduite des gardes nationaux dans cette occurrence.

» J'ai voulu protester encore contre l'absurde prétention, qui tend même à nous priver de la faculté de revêtir l'uniforme en dehors du service et de l'état de garde national, n'eût-on que cet habit pour se couvrir.

» Pour moi, comme pour tous ceux qui attachent quelque prix à nos institutions, et qui sont incapables de jouer avec la loi ou sur les mots, l'état de garde national est l'état de service en armes, légal ou illégal, mais organisé.

» Pour eux aussi et pour moi, les baïonnettes de la garde nationale sont *intelligentes et resteront intelligentes*, nonobstant le vouloir de conseillers maladroits, et les arrêtés de préfet. Tout garde national est, avant tout, citoyen, et, à ce titre, comme l'a dit éloquemment le maréchal Lobau à la tribune, il a le droit d'exprimer son opinion.

» Pour eux et pour moi encore la loi n'oblige pas la garde nationale à l'état passif, et le jour où l'art. 66 de la charte, qui consacre ses droits, sera brisé, chacun de nous aussi brisera son épée.

» Si, dans l'exercice de mes fonctions, j'ai manqué à mes devoirs, si j'ai commis quelqu'infraction à la loi, qu'on me cite devant le conseil de mon bataillon, je n'ai point à récuser sa compétence, je me soumettrai à sa juridiction.

» J'ai à respecter dans chacun de ses membres mon juge naturel, l'interprète sacré de la loi; et si parfois l'arrêt de ce conseil me paraissait contraire à la légalité, je pourrais encore en appeler à la cour suprême.

» Tous les officiers, tous les sous-officiers, et la grande majorité de la compagnie à laquelle je m'honore d'appartenir, m'autorisent à déclarer qu'ils partagent mes sentimens, que dans cette circonstance ils approuvent ma conduite et que toujours ils seront prêts à se joindre à moi afin de défendre les principes sur lesquels je m'appuie, pour me soustraire à une juridiction incompétente et dont l'arrêt de condamnation à intervenir ne peut qu'honorer.

» Agréez, etc.,   FALLET,

     » Capitaine en 1er de la 4e compagnie du 3e bataillon, 3e légion.

» Paris, le 21 janvier 1840. »

Il est, nous le pensons, inutile d'ajouter que M. Fallet a été, comme ses camarades MM. Vallé et Goubert, frappé d'une suspension de deux mois. Comme eux aussi, aux prochaines élections, il sera récompensé de son indépendance.

MANIFESTATION DES GARDES NATIONAUX
DE MONTMARTRE.

La manifestation réformiste du 12 janvier avait été précédée d'une démarche qui fait honneur aux honorables citoyens qui en ont pris l'initiative. Le 1er janvier, pendant que les courtisans encombraient les Tuileries et adressaient au chef de l'état de ces platitudes officielles, nauséabondes pour qui les lit ou est obligé de les entendre, une députation de la garde nationale de Montmartre allait féliciter MM. Laffitte, Dupont (de l'Eure), Arago et Martin (de Strasbourg), de la courageuse initiative qu'ils ont prise dans le mouvement réformiste du pays. Voici le discours qu'un des membres de la députation, capitaine de la garde nationale, a successivement adressé aux honorables députés :

« Monsieur le député,

» Au milieu des événemens qui se succèdent depuis 1830, l'immense majorité de la nation a toujours appelé de tous ses vœux un changement radical dans le système électoral. Ce changement aurait été le glorieux pendant ou plutôt la conséquence de la révolution de juillet.

» La voix d'hommes qui se sont honorés dans la carrière politique s'est fait entendre; elle a pénétré dans nos humbles habitations; les bons citoyens, pleins de respect, de vénération pour la sainte cause du progrès et de la civilisation, ont applaudi.

» La tâche que vous vous êtes imposée, ainsi que vos dignes collègues, est difficile. Elle ne pouvait convenir qu'à des hommes d'un patriotisme éprouvé, inaccessibles aux séductions du pouvoir et d'une inflexible trempe de caractère. Nous venons nous ranger sous votre drapeau. Si la chance vous était défavorable dans la lutte solennelle où vous allez vous engager, nous ferions un appel à votre constance; nous vous dirions : « N'est pas définitivement vaincu qui perd une bataille. Persévérez; un pas rétrograde compromettrait à jamais notre avenir, et obscurcirait les rayons du soleil de juillet; deux pas en avant assureront pour toujours notre liberté, notre indépendance et nos droits politiques jusqu'ici méconnus. »

« Le comité électoral de la commune de Montmartre, composé d'un grand nombre de gardes nationaux du 6e bataillon de la 2e légion de la banlieue, a voté des remercîmens à MM. les membres du comité Laffitte; veuillez, monsieur le député, les recevoir par notre organe, et agréer l'assurance de notre respectueux dévouement.

» Les membres du comité,

» Signé : LETELLIER, capitaine en premier; PHILIPPE, capitaine en second; BREDY, lieutenant; DONADIEU, sergent; POIRIER, grenadier; YON, caporal; LAPIERRE, voltigeur; AMELINE, chasseur; PINGON, chasseur; MIREMONT, chasseur, et EHRMANN, chasseur.

» Pour copie conforme :

» DONADIEU,

» Sergent, trésorier de la 4e compagnie, secrétaire du comité.

» Montmartre, le 15 janvier 1840. »

OPINION DE LA PRESSE DÉPARTEMENTALE SUR LA MANIFESTATION DU 12 JANVIER.

La suspension prononcée contre M. le capitaine Vallé n'empêcha pas l'opinion publique de s'expliquer sur l'étrangeté des poursuites dont cet honorable citoyen a été l'objet. Voici des réflexions fort justes à ce sujet que nous avons trouvées dans le *Journal de Rouen :*

« Le pouvoir est-il bien venu, d'incriminer comme des illégalités des faits dont les analogues ont été toujours fort bien accueillis par lui quand ils constituaient des démonstrations favorables à ses vues et à ses théories? A chaque événement grave qui s'est accompli depuis 1830, il a toujours été agréable au pouvoir que les gardes nationales, les conseils-généraux et municipaux prissent des délibérations en dehors du cercle de leurs attributions, parce que ces délibérations étaient profitables à sa cause. Ne doit-on pas en conclure qu'elles ne lui déplaisent aujourd'hui que parce qu'elles lui sont hostiles, et que ce n'est pas tant l'illégalité qu'il poursuit maintenant que le caractère même de la démonstration ? Il est impossible d'accuser plus nettement qu'on ne prend nul souci, suivant les occurrences, d'avoir deux poids et deux mesures.

» Que sept à huit cents gardes nationaux se fussent spontanément assemblés et se fussent portés au château pour le féliciter ou de la naissance de quelque principicule, ou de quelque victoire remportée par l'armée d'Afrique pour le compte du duc de Nemours ou du prince de Joinville, le pouvoir n'aurait pas eu assez d'éloges à leur prodiguer, et il n'aurait pas manqué d'en déduire des conséquences à perte de vue à l'honneur de son système et de ses prouesses. Mais que pareil nombre de citoyens entreprennent de revendiquer par le même procédé les droits inaliénables des peuples, on remuera bien vite tout l'arsenal des lois répressives pour en exhumer quelque châtiment contre eux, et les malédictions verbales viendront au sécours de l'insuffisance de la pénalité légale.

» Tout cela ne fera que mettre plus à jour la nécessité de cette réfoime contre laquelle on se raidit, et donner plus d'élan au mouvement pacifique des pétitions qui se signent sur toute la surface de la France. »

Les mêmes faits ont inspiré au *Courrier de la Sarthe* les observations suivantes :

» Il ne faut pas s'étonner de voir le château prendre l'affaire au sérieux. La pétition pour la réforme électorale doit lui causer une épouvante réelle, et quand nous employons tous nos efforts à réunir sur cette pétition un grand nombre de signatures, nous ne nous dissimulons pas la gravité de l'embarras que nous créons au parti conservateur. Les poursuites que l'on nous annonce devoir être exercées, nous témoignent que ce parti ne s'aveugle pas davantage sur la situation des esprits et sur la valeur de la protestation nationale.

» C'est donc là que la force des choses entraîne le gouvernement issu de juillet! Accueilli avec enthousiasme par le pays légal, il s'est enfin aliéné les derniers de ses cliens, et le voici réduit à sévir contre cette milice citoyenne dont il invoquait la fidélité comme la plus sûre de ses garanties. Nous n'avons jamais pu douter que le système de résistance dût en venir tôt ou tard à ces extrémités.

» Nous n'examinerons pas si des gardes nationaux allant, sans armes, faire une visite à quatre honorables députés, peuvent être considérés comme ayant délibéré en corps sur les affaires de l'état ou avoir formé, sur la voie publique, un rassemblement interdit : cette question sera résolue par le conseil de préfecture de la Seine, et nos argumens ne seraient pas entendus si loin. Quel que puisse être le résultat d'un tel débat, la conduite du gouvernement, envers les officiers de Paris, fait un devoir à tous leurs camarades, à tous les gardes nationaux de France, de réclamer avec d'autant plus d'énergie contre la loi du monopole que le gouvernement espère protéger par l'intimidation. »

A Nantes, aussi bien qu'à Rouen et au Mans, les procédés du pouvoir envers la garde nationale ont été appréciés comme ils devaient l'être, et ils ont eu pour but de redoubler l'ardeur des citoyens réformistes. On en jugera par la note que nous empruntons au *National de l'Ouest :*

« Au premier abord, on ne comprend ni cette colère ni cette menace ; mais, à la réflexion, on s'aperçoit bientôt que le ministère craint de se voir forcé dans ses derniers retranchemens pour la question de la réforme électorale, et qu'il voudrait effrayer ses partisans afin de paralyser l'élan public. Nous croyons que cet acte de matamore produira un effet tout à fait contraire, et que dès lors les pétitions vont avoir plus d'activité encore qu'auparavant.

» Quant à nous, qui ne nous laissons pas aisément intimider, nous recommandons avec plus d'instance que jamais les pétitions électorales à nos lecteurs ; et, pour prouver que notre sympathie est acquise aux honorables citoyens qui ont encouru le blâme ministériel en même temps que la reconnaissance des amis du progrès, nous adoptons, à l'exclusion de toute autre, la pétition du comité-Laffitte, cause première de la manifestation et du grave mécontentement exprimé par le *Moniteur universel.*

» On signe donc toujours cette pétition à notre bureau ; nous en tenons des exemplaires à la disposition des citoyens qui nous en adresseront la demande pour les faire signer. »

La presse départementale ne s'est pas contentée d'applaudir hautement à la manifestation réformiste du 12 janvier. Plusieurs de ses organes en ont démontré avec succès toute la légalité. Nous croyons qu'on ne lira pas sans intérêt l'article suivant du *Censeur de Lyon,* qui, pour se trouver en opposition avec la jurisprudence du conseil de préfecture de la Seine , n'en contient pas moins de bonnes et instructives vérités :

« Dans un pays libre, il faut admettre forcément que tous les citoyens ont le droit de discuter les actes du pouvoir, d'émettre les opinions qu'ils veulent faire triompher, de pétitionner enfin. Avec le droit de pétition, il faut aussi regarder comme parfaitement licites tous les actes qui s'y rattachent. Une pétition isolée est sans force, une pétition collective est un fait grave. Pour faire une pétition collective, il faut se voir, se réunir, discuter les bases de la demande. Cela fait et la pétition signée, les citoyens doivent s'occuper de la faire défendre, donner pour cela mandat spécial ; entravez une seule de ces mesures, et vous porterez atteinte au droit de pétition.

» En Angleterre, aux Etats-Unis, on se rirait du pouvoir s'li osait mettre la moindre entrave à l'exercice du droit de pétition ; on se rirait des écrivains qui seraient assez timorés pour s'effrayer de la réunion de quelques centaines de citoyens n'ayant d'autre but que de demander à des députés de défendre leurs droits avec zèle. Voyez où nous en sommes venus en France, à quel point on nous a déjà réduits. On regarde, en vérité, comme un fait extraordinaire, anormal, la démarche de quelques centaines de gardes nationaux chez MM. Laffitte, Arago et Dupont (de l'Eure) ; on s'étonne qu'ils aient été assez audacieux pour traverser paisiblement les rues de Paris, et que le pouvoir ait été assez faible pour le permettre.

» Est-ce bien à la nation française

qu'on s'adresse ? se croit-on dans un pays libre ? ou bien veut-on nous régir comme l'Autriche ou la Prusse ?

» Les gardes nationaux qui se sont rendus chez MM. Laffitte et Arago étaient strictement dans leur droit, et ceux qui veulent qu'on sévisse contre eux poussent à l'arbitraire. Qu'est la pétition de Paris ? que veut-elle ? voilà ce qu'il ne faut pas perdre de vue. Elle a un caractère qu'il importe aussi de rappeler. Elle demande l'admission dans les colléges électoraux de tout citoyen faisant partie de la garde nationale. Elle a été signée l'année dernière par 17,000 gardes nationaux.

» Puisque la garde nationale de Paris fait une pétition, puisque vous n'avez jamais osé lui contester ce droit, admettez comme conséquence nécessaire que ceux qui la soutiennent comme gardes nationaux se présentent comme tels devant les députés auxquels ils ont donné mandat de la défendre ; ici, pas de terme moyen : ou il faut dénier le droit de pétition aux gardes nationaux, ou il faut les laisser librement en préparer le succès : qui veut la fin veut les moyens.

» Est-ce qu'on oserait un jour prétendre que, par cette raison qu'on est garde national, on est privé de ses autres droits politiques ? Alors, la garde nationale, au lieu d'offrir des garanties à la liberté, lui ferait obstacle.

» La fraction de la garde nationale qui a fait la manifestation réformiste qui inquiète si vivement le pouvoir a violé, dit-on, les règles de la discipline.—Examinons ce point.

» La discipline de tout corps armé est en raison de ses devoirs politiques et sociaux, et, quand on invoque la discipline pour blâmer les gardes nationaux de Paris, on se méprend sur leurs attributions. La loi défend aux gardes nationales toutes délibérations sur les affaires de l'état, mais elle ne leur interdit pas l'exercice d'un droit reconnu par la constitution.

» Si des gardes nationaux se réunissaient en corps pour demander qu'on fît la paix ou la guerre, qu'on augmentât ou qu'on diminuât nos forces de terre ou de mer, alors ils seraient en dehors de la loi ; mais ils n'ont pas fait de délibération sur la marche du gouvernement. Pétitionner et délibérer sont choses distinctes. La délibération entraîne des résolutions ; après les résolutions viennent les actes ; de là peuvent naître des conflits. Qui pétitionne ne délibère pas et ne prend pas de résolutions ; qui pétitionne ne veut pas forcer la main au pouvoir, mais demande qu'on délibère et qu'on prenne des résolutions sur les questions qu'il soumet. »

CE QU'IL FAUT PENSER DES POURSUITES DIRIGÉES CONTRE LES GARDES NATIONAUX RÉFORMISTES DE PARIS.

Les poursuites dirigées contre le capitaine Vallé sont le premier signal de la guerre que le pouvoir commence avec la garde nationale de Paris. Elles sont aussi un indice bien évident des inquiétudes où le jette cet immense mouvement de la réforme qui gagne de proche en proche le pays entier, l'envahit, l'entraîne, et forme désormais le but principal d'une agitation puissante et calme.

Cependant, si les gouvernans avaient

conservé la plus légère impression du noble entraînement et des brillantes espérances que la révolution de juillet avait excités dans le pays, ils se réjouiraient au lieu de s'inquiéter de la direction nouvelle où l'esprit public se laisse aller. Si ces héritiers inconnus au 27 juillet, qui étaient au 1er août en possession de la France, avaient au plus mince degré le sentiment des destinées de la nation, ils seraient fiers de voir succéder à des luttes sanglantes et stériles ces mouvemens pacifiques et forts d'un peuple qui se prend au sérieux et qui montre à l'Europe qu'on ne l'endort pas sous la poussière des intérêts matériels au point d'étouffer chez lui cette vie morale qui l'a mis à la tête de la civilisation du monde.

Ce qui inquiète le pouvoir, c'est que la question de la réforme va mettre à nu ses instincts, ses intentions, ses projets. Long-temps il a su faire croire à la France abusée qu'il avait lui-même brisé avec le passé, qu'il ne demandait pas mieux que de se mettre à la tête des idées nouvelles, et d'en régler la marche d'un pas constant et assuré. Il n'attendait pour cela, disait-il, que d'être tranquille sur sa propre existence.

Eh bien ! il est tranquille aujourd'hui ; il l'est depuis long-temps. Ses amis le disent, il le proclame lui-même dans ses actes, et nous en prendrions à témoin cette indifférence publique, plus mortelle que la réaction, avec laquelle on a vu passer et se dénouer de récentes et malheureuses tentatives.

Aujourd'hui donc, il n'y a plus à reculer. Ou il faut exécuter des promesses solennelles, ou il faut se dénoncer soi-même comme un pouvoir sans foi. Ou il faut entamer le monopole, ou il faut reconnaître que ces ennemis si insultés, si poursuivis pour avoir douté de vous, avaient raison de vous signaler aux défiances du pays. Il faut avouer enfin que vous n'avez pas été calomniés par ceux que vous appelez des *factieux*, ou bien il faut écouter ces innombrables voix de pétitionnaires qui réclament la réforme. Tant que vous avez couru quelque péril, la garde nationale n'a pas voulu du progrès au prix du sang et de la violence : elle l'a prouvé. Aujourd'hui, elle vous déclare qu'elle veut du progrès sans violence. Que pouvez-vous répondre ?

C'est que du progrès, vous n'en voulez pas du tout. Cependant, qu'on y prenne garde, on n'enserre pas longtemps une nation comme la nôtre dans des langes qui arrêtent la circulation de ses idées. La génération qui avait dix ans en 1830 en a vingt aujourd'hui, les souvenirs même de la restauration vont peu à peu s'effaçant d'eux-mêmes ; chaque jour, chaque heure emporte quelques-unes de ces résistances qui entravaient la route ; vingt-cinq ans de discussion publique ont dissipé bien des préjugés, rendu l'éclat à des traditions obscurcies, renoué et soudé avec vigueur la chaîne de 89 à 1830. Sous la surface épaisse d'intérêts grossiers, la pensée publique a continué son travail ; les hommes nouveaux qui prennent leur part des bienfaits et des charges de l'ordre social, en recherchent l'origine ; de toutes parts, l'immortelle démocratie française reparaît, calme et sûre d'elle-même, sur notre terre si long-temps tourmentée. Regardez donc à la réalité ; elle vous avertit par mille signes éclatans que les temps des priviléges sont finis.

Et c'est aujourd'hui que vous vous insurgez contre la réforme électorale! et vous croyez bonnement réduire cette grande question aux proportions mesquines d'un petit procès, ou glacer par quelque suspension le zèle de ceux qui se sont dévoués à son succès! quelle puérilité!

Il n'y a pourtant que deux manières pour les sociétés, de satisfaire leurs instincts de perfectionnement. Des hommes que 1830 avait remplis d'ardeur, avaient pensé qu'il fallait terminer révolutionnairement une œuvre révolutionnaire. Le pays ne les a pas suivis, la garde nationale les a combattus. Tout le monde a dû céder devant la voix du pays et de la garde nationale.

Mais le moyen violent éloigné, reste du moins la voie pacifique. Celle-ci est en pleine action; elle n'a pas d'expression plus humble et plus légale que celle d'une pétition. La charte que vous avez faite, vous et non pas nous, la garantit; cette charte vous l'avez confiée vous-même au patriotisme de la garde nationale. Et parce que celle-ci voudra que cette charte , fille de juillet , tienne ce qu'elle a promis, parce qu'elle veut que l'*égalité* qui en est le principe reçoive ses développemens, vous viendrez dire à la garde nationale qu'elle viole la loi parce qu'elle désire au contraire que cette loi subsiste en jetant ses racines dans le cœur de la nation !

Y a-t-il pourtant un autre mode d'exprimer ses vœux ? qu'on l'indique. — Y a-t-il une manière plus pacifique et plus légale de conduire le peuple sans trouble et sans secousse dans la voie du progrès? qu'on le dise.

Mais qu'il nous soit permis, à nous aussi, d'adresser au pouvoir un avis sévère.

Aujourd'hui, des députés, recommandables par un patriotisme bien connu, se mettent à la tête de la réforme électorale, afin de donner du calme à ces hommes, toujours nombreux dans une grande société, qui s'agitent aveuglément; ils veulent aussi donner de justes espérances à ces esprits fatigués, dégoûtés de tant de déceptions ; relever en même temps par la perspective d'un meilleur avenir, ceux qui sont poussés, par des souffrances journalières, à un funeste désespoir. Eh bien! quand des citoyens généreux s'associent aux nobles pensées de ces députés et vont les féliciter de ce qu'ils ont fait, les engager à faire mieux encore, vous prenez un misérable prétexte pour poursuivre ces citoyens! vous croyez avoir gain de cause en faisant suspendre un capitaine pendant deux mois! Mais savez-vous quelle est la pensée invincible qui s'élèvera au fond de tous les cœurs? C'est qu'après avoir combattu ceux qui voulaient du progrès violent, vous combattez ceux qui veulent du progrès pacifique! et pourtant, comme il faut choisir entre les deux, j'ose en conclure que les troubles sont nécessaires à votre existence. Or, la France aussi a fait son choix, et les cent milliers de pétitionnaires proclament hautement avec le comité-Laffitte qu'ils *veulent la réforme pour éviter les révolutions!*

www.ingramcontent.com/pod-product-compliance
Lightning Source LLC
Chambersburg PA
CBHW061806050726
47598CB00002B/896